AMOR, PERDAS
E MEUS VESTIDOS

Escrito e ilustrado por
ILENE BECKERMAN

Tradução de
Isabel A.W. de Nonno

Título original
LOVE, LOSS, AND WHAT I WORE
Primeira publicação nos EUA.

Copyright © 1995 by Ilene Beckerman
Todos os direitos reservados.

Design by Robbin Gourley

Edição brasileira publicada mediante acordo com Algonquin Books of
Chapel Hill, uma divisão da Workman Publishing Company, Nova York.

Direitos para a língua portuguesa reservados
com exclusividade para o Brasil à
EDITORA ROCCO LTDA.
Av. Presidente Wilson, 231 – 8º andar
20030-021 – Rio de Janeiro – RJ
Tel.: (21) 3525-2000 – Fax: (21) 3525-2001
rocco@rocco.com.br / www.rocco.com.br

Printed in Brazil/Impresso no Brasil

CIP-Brasil. Catalogação na fonte
Sindicato Nacional dos Editores de Livros, RJ.

B356a	Beckerman, Ilene, 1935–
	Amor, perdas e meus vestidos / escrito e ilustrado por Ilene Beckerman; tradução de Isabel A. W. de Nonno. – Rio de Janeiro: Rocco, 2012.
	Tradução de: Love, loss, and what I wore ISBN 978-85-325-2757-8
	1. Beckerman, Ilene, 1935–. 2. Vestuário – Nova York (Estados Unidos: Estado) – História – Séc. XX. 3. Moda – Estilo – Nova York (Estados Unidos : Estado) – História – Séc. XX. 4. Nova York (Estados Unidos) – Biografia. I. Título.
12-1271.	CDD-391.00974710904 CDU-929:391(734.7)

Às maravilhosas mulheres de minha vida

Minha mãe,
Minha avó,
Minha tia Babbie,
Miriam Landey,
Dora e Gay,
Bonnie,
Isabelle, Lillie, Julie,
Allie, Olivia, Chloe,
e Elizabeth

A década de 40

Meu uniforme de fadinha.

Minha mãe era líder de fadinhas na Hunter College Elementary School, na rua 69, entre a avenida Lexington e a Park.

Quando eu tinha sete anos, fui para Camp Brady, um acampamento longe dos pais, em Brewster, Nova York, para fadinhas e "bandeirantes". Minha irmã, mais velha do que eu cinco anos, era "bandeirante" e ficou encarregada de me vigiar.

Não havia eletricidade. Não havia banheiros com descarga e tínhamos que usar latrinas.

A década de 40

Um casaco cintado marrom de loja, com perneiras combinando (para manter as pernas quentinhas) e galochas (para manter os pés sequinhos). Eu detestava vestir as perneiras (que necessitavam de presilhas) e sempre tinha acessos de raiva, por causa disso.

Reparem nas luvas de inverno bem coloridas. Minha mãe tricotava que era uma beleza e estava sempre fazendo luvas para minha irmã e para mim. Minha irmã herdou os dotes de tricoteira e costumava fazer meias com losangos empregando vários novelos.

A década de 40

Cachos obtidos enrolando o cabelo com tecido montavam um penteado da moda.

Para fazê-los, rasgavam-se lençóis velhos e picavam-se em tiras as fronhas (naquela época eram todas brancas), enrolando os trapos nos cabelos úmidos e fazendo um laço na ponta.

Após uma noite em repouso, os trapos eram meticulosamente desfeitos, então surgiam lindos e longos cachos.

Enquanto Mamãe fazia os cachos, ouvíamos nossos programas de rádio favoritos. O que eu mais gostava era o *The Lux Radio Theater* porque se ouviam nele filmes inteiros.

Morávamos no número 333 da rua 66, no lado leste, entre a Primeira e a Segunda avenidas, num apartamento de frente, com cômodos interligados. Um quarto dava para outro e para outro, em linha reta, como se fossem os vagões de um trem.

A década de 40

Minha mãe fez esse vestido, tipo avental, de anarruga listrado em cinza e branco debruado em zigue-zague vermelho.

Ela costurava quase todas as minhas roupas e da minha irmã e, por conta disso, tínhamos vários vestidos "gêmeos". Este era um dos modelos preferidos de Mamãe. Ela também criou uma versão em chintz floral com debrum em renda.

Minha irmã usava uma blusa sob seu vestido. Eu não precisava usar.

A década de 40

Eu desfilava este *look* em tafetá preto na escola de dança da Ballet Arts, no prédio do Carnegie Hall na rua 57. Reparem no bordado colorido na cintura. Mamãe o concebeu para mim. Eu o adorava, mas o que eu teria amado de verdade teria sido poder comprar o modelito numa loja.

Algumas vezes eu pegava o ônibus circular até a Ballet Arts, totalmente sozinha. Mamãe me levava até a porta do veículo. Ela me dava broncas imensas por eu passar perfume e rímel, mas esquecer de lavar direito o pescoço.

A década de 40

Minha mãe fez esse vestido de tafetá xadrez para
meu aniversário de dez anos. Notem o decote diferente
— reto — e os lacinhos de veludo negro, um em cada ombro.
O vestido fazia um ruge-ruge delicioso quando eu andava.
Eu o usei para ir à escola no dia do meu aniversário, e todo
o mundo prestou atenção em mim.

Quando eu caminhava, costumava girar meus calcanhares
para dentro, então tinha que usar sapatos com palmilhas
especiais de uma loja chamada Julius Grossman. Todas
as outras crianças usavam mocassins ou sapatos tipo
Oxford e, nas festas, sapatos boneca pretos ou vermelhos,
mas os meus eram marrons e tinham laços. Para festas,
eu tinha um par marrom com fivelas laterais.

A década de 40

Blusinha branca de gola Peter Pan, suéter de lã, saia envelope de lã xadrez com alfinete de segurança e meias três-quartos brancas.

Era a indumentária típica da escola primária.

A década de 40

Mamãe fez esse chapéu preto de veludo, forrado de cetim vermelho. Tinha debrum decorativo e amarrava debaixo do queixo. Sonja Henie, a estrela da patinação e do cinema, costumava aparecer com chapéus semelhantes.

Era importante manter as orelhas protegidas e aquecidas para evitar infecções de ouvido.

Todo mundo dizia que eu ficava muito bem de chapéu. Este outro tinha um estilo escocês e Mamãe o comprou para mim. Eu costumava usar chapéus na Páscoa.

A década de 40

Mamãe criou este vestido rosa, verde e preto iridescente-metálico, em tafetá xadrez. Compramos o tecido na Macy's, na rua Herald. A loja tinha um andar inteiro só de tecidos estampados e padronados.

Eu o usei no casamento de minha prima Sally. Não éramos muito chegadas àquela parte da família — a do meu pai — mas foi incrível poder usar um longo.

Complementei o visual com um grande laço rosa
nos cabelos.

A década de 40

Fatiota de Domingo de Páscoa. Tailleur de lã coral com saia plissada. Blusa branca de mangas curtas em náilon com gola de cordão.

Sempre estreávamos uma roupa nova na Páscoa. Nos domingos de Páscoa, sentávamo-nos num banco em frente ao Central Park, na altura da rua 65, e ficávamos acompanhando a caminhada, para cima e para baixo da Quinta avenida, de pessoas em suas melhores vestimentas.

A década de 40

Um cardápio de penteados com tranças. Argolas. Coroa. "Hambúrgueres" cobrindo as orelhas.

A década de 40

Usávamos mantôs curtos na primavera. Nós os chamávamos de "coberturas".

Este era um deles, coral.

A década de 40

Um novo tecido surgiu. Chamava-se malha jérsei, e Mamãe costurou vestidos parecidos para mim e minha irmã.

Ela fez em crochê detalhes de lã preta para a gola e as mangas.

A década de 40

Mamãe costurou esse vestido de jérsei de lã verde-floresta com cerejas vermelhas bordadas para minha irmã.

Minha irmã era alta e tinha uma figura voluptuosa. O nome dela era Blossom, mas todo o mundo a chamava de "Tootsie", menos meu avô. Ele a chamava de "minha porquinha" e a mim de "meu macaquinho". Todos os outros me chamavam de "Gingy" porque nasci com os cabelos da cor do gengibre. Minha irmã e eu chamávamos meu avô de "Pop".

Anos mais tarde, quando Tootsie casou-se com Shel, ele não aprovou nenhum de seus nomes e a chamava de "Bonnie".

Minha irmã tinha unhas longas e vermelhas e adorava Frank Sinatra. Ela costumava cortar fotos de "Frankie" de revistas de cinema (*Photoplay*, *Silver Screen*, *Screen Gems*) e as colava com fita adesiva nas paredes do quarto que dividíamos. Todas as vezes em que brigávamos, eu tentava arrancar as fotos das paredes, enquanto ela arranhava meus braços com as unhas.

Eu roía minhas unhas, e elas eram muito feias.

A década de 40

Mamãe fez esse vestido vermelho e sexy para minha irmã. Tinha um decote fechadura e um babado tipo peplum, e era valorizado por lantejoulas douradas costuradas à mão.

As saias com peplum eram muito populares naquela época.

Costurar lantejoulas era um trabalho tedioso. Mamãe também prendia lantejoulas multicores em echarpes de seda pintadas, com que costumávamos presentear as professoras no Natal. Algumas vezes nós lhes dávamos sabonetes finos ou lencinhos floridos.

A década de 40

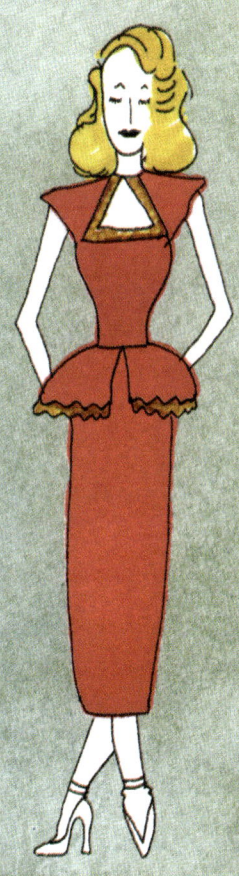

Vestido de tafetá de seda nervurado, preto, com uma flor rosa-shocking na cintura.

Foi um dos raros vestidos que minha mãe não fez. Ela o comprou para minha irmã na loja Henri Bendel, na rua 57 oeste.

Minha irmã o usou quando Shel largou o exército e antes de ficarem noivos.

Ela comprou outro vestido negro quando Shel a estava cortejando. Notem o decote ilusão.

A década de 40

Minha mãe fez esse vestido longo tomara que caia, de um lindo tafetá verde, para minha irmã usar no casamento de nosso primo.

Observem as flores de seda (costuradas em uma tira de elástico) adornando a parte superior dos braços. A saia era extravagantemente rodada.

A década de 40

Mamãe era uma mulher grandona, bonita, que não usava roupas chiques, porque não podíamos nos dar ao luxo de comprá-las. Certa vez minha avó a surpreendeu com uma estola de raposa prateada (pelo seu aniversário ou Dia das Mães, não sei bem qual dos dois). Minha mãe a vestiu, mas depois daquele dia, nunca mais a usou.

Ela normalmente escolhia um vestido de estamparia escura e sapatos marrons com fivelas. Durante algum tempo, ela trabalhou como auxiliar de enfermagem e costumava colocar um pulôver azul-acinzentado sobre sua blusa branca. Mas nunca a vi com as capinhas que enfermeiras costumam usar nos livros de bonecas de papel para recortar.

Mesmo sendo uma líder "bandeirante", ela nunca usou um uniforme de líder. Era muito caro.

Ela foi brindada com uma madeixa branca prematura, bem na frente do cabelo. Nunca usava maquiagem, só um leve batom que passava sem precisar olhar no espelho e pressionando os lábios, depois, para espalhar.

Ela usava óculos. Seu rosto tinha um belo desenho e seus olhos eram cor de amêndoa.

A década de 40

Na primavera em que minha mãe morreu, meu pai me levou à loja de departamentos B. Altman na Quinta avenida para comprar meu vestido de aniversário de treze anos.

Eu escolhi dois vestidos azul-marinho (nesta página e na próxima). Este tinha uma gola removível, em forma de capinha. Os vestidos foram bem caros, cerca de quarenta e quatro dólares cada um.

Usei um deles na festa de treze anos, que dividi com minha amiga Jean Lowrie. Seu aniversário é no dia 10 de junho. O meu, no dia 15 de junho.

A mãe de Jean nos levou ao restaurante Stockholm para um almoço comemorativo, com alguns de nossos colegas de escola. Minha avó lhe deu o dinheiro correspondente à minha parte.

A década de 40

Um dia minha avó passou e pegou minha irmã e eu e nos levou embora. Ela não queria que vivêssemos com meu pai, mas com ela, Pop e minha tia Babbie.

Eram donos de um prédio de tijolos castanhos no número 743 da avenida Madison, entre as ruas 65 e 66, e tinham uma papelaria no nível da rua. Chamava-se Harry Goldeberg's. Eles moravam em cima da loja.

Depois que fomos morar com meus avós, nunca mais vi meu pai.

Jean, que morava no número 24 do lado sul do Central Park, me apanhava na loja todas as manhãs e caminhávamos juntas até a Hunter College Junior High School, no número 68 da avenida Lexington.

A década de 40

O nome de minha avó era Lillie, mas nós a chamávamos Ettie. Tinha cabelos belos, longos e prateados, que costumava prender no alto da cabeça, num coque que ela chamava de *draidel*, deixando madeixas soltas caindo sobre o rosto.

Ela usava dois pentes na altura da nuca, para manter o cabelo preso para cima, e vários grampos grandes para fixar o *draidel*.

Minha avó passava vaselina no cabelo, para mantê-lo brilhante. Ela acreditava em dois tipos de panaceias: vaselina para todos os males externos ao corpo, e chá quente com limão para qualquer coisa que estivesse errada dentro do corpo.

A década de 40

Minha avó normalmente usava um cardigan azul-marinho ou outra cor escura na loja, não importa qual fosse a temperatura.

O casaco tinha dois grandes bolsos nos quais ela enfiava moedas de 25 centavos, que retirava da caixa registradora.

Ela nos dizia que estava juntando as moedas para mim e para a minha irmã, mas nunca as recebemos.

O número de telefone da loja era RHinelander 4-8096.

A década de 40

Minha avó, como muitas velhas senhoras, enrolava suas meias finas abaixo do joelho, em vez de usar prendedores.

A década de 40

Eu usei esse maiô preto quando fui à Flórida com minha avó. Eu tinha catorze anos.

Encontrei um garoto na praia chamado Bernie Maybrook, de Allentown, Pensilvânia. Ele tinha vinte e seis anos. Ele queria sair comigo, e minha avó concordou, desde que fosse junto. E assim ela foi, e também o pai de Bernie.

A década de 40

A década de 50

Comprei este vestido de piquê no subsolo da Bloomingdale's. Era vermelho e preto e tinha um quê de mexicano na estampa.

Minha amiga Judy Gellert me acompanhou na compra. Judy frequentava a Hunter College High School comigo. Ela vivia para os lados de Stuyvesant Town.

Eu tinha outra amiga na Hunter, chamada Marilyn Herman. Ela tinha longos cabelos louros e era bonita, mas gorda. Ela usava roupas meio apertadas. A mãe dela também tinha cabelos louros e usava chapéus cinematográficos. Era também bem bonita e gorda, e trabalhava num tribunal. Nenhuma outra mãe de aluna trabalhava fora. Marilyn não tinha pai.

A década de 50

Usei este vestido de renda azul com gola branca e faixa azul quando fui confirmada no Templo Emanu-El, na rua 65 com a Quinta avenida, no dia 18 de maio de 1951. Eu tinha dezesseis anos. Os rabinos da cerimônia foram o dr. Perlman e o dr. Marks.

Cada um dos confirmandos tinha seu tópico, aquele sobre o qual deveria falar. Nós não escolhíamos o tópico; ele nos era dado. O meu foi "Perdão".

Meu cabelo era curto e eu o havia descolorido com água oxigenada, até ficar louro. Sempre que minha amiga Dora via uma mulher com os cabelos horrivelmente clareados, ela dizia: "Quase tão ruim quanto o seu, Gingy."

Minha irmã usou um vestido verde com flores de cerejeira, e um chapéu, igualmente florido.

Após a cerimônia, minha avó deu uma pequena festa para mim no Alrae Hotel, na rua 64, quase na esquina da rua da loja dela.

A década de 50

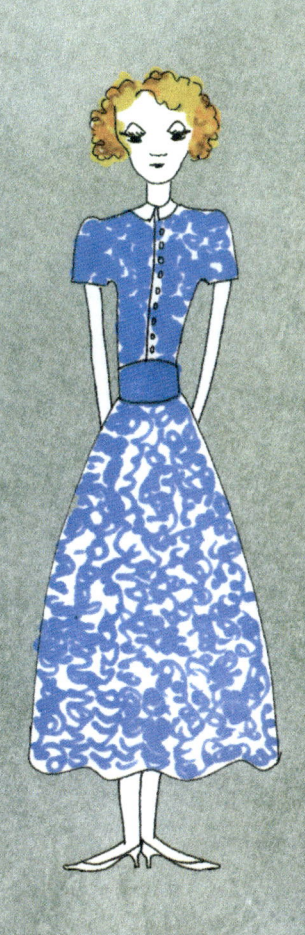

Minha tia Babbie (seu nome verdadeiro era Pauline) tinha seios imensos. Ela nunca se casou.

Suas mãos eram pequenas e muito belas. Certa vez alguém perguntou se ela queria ser modelo de mãos, mas esse convite nunca se concretizou.

Ela ia à manicure todo sábado à tarde e pintava as unhas de esmalte rosa Windsor, da Revlon. Ela também fazia as sobrancelhas e o cabelo.

Depois do salão, ela levava minha irmã e eu para almoçar, geralmente no Childs Restaurant, e logo em seguida ao cinema – de preferência um programa duplo – no Loew's, na rua 72 ou no RKO, na rua 58.

Em uma das mãos, ela usava um anel de ônix negro. Na outra, um anel corte marquise, com diamantes e esmeraldas, que, hoje em dia, sou eu quem usa.

A década de 50

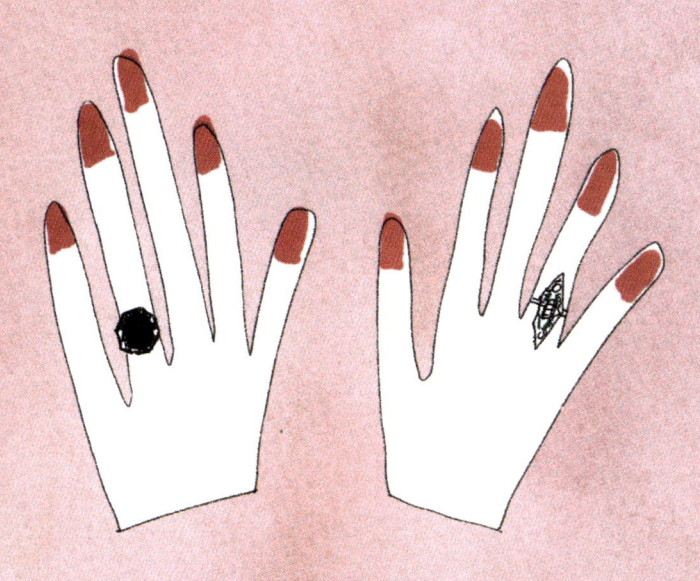

No colégio, minha amiga Fran Todtfeld e eu costumávamos ir à loja da Armada e comprar camisas de marinheiro de verdade. Também comprávamos japonas da Marinha.

Minha amiga Gay e eu queríamos muito agasalhos de basquete, mas não fazíamos parte de time algum e não tínhamos namorados que nos dessem os deles.

Descobrimos uma loja no Lower East Side que fazia esses agasalhos sob encomenda, mas, para isso, tinha que haver no mínimo quatro interessadas. Encontramos mais duas garotas que queriam esse tipo de agasalho e formamos um clube. Escolhemos a cor uva com listas brancas e letras também em branco.

Devíamos exibir o nome de nosso time na parte de trás dos agasalhos, mas, como não tínhamos clube algum, não tínhamos sigla. Decidimos, então, gravar WCWD, que queria dizer "We Couldn't Think of a Name, So we Didn't" (Não Conseguimos Pensar em um Nome, Então Não o Fizemos").

Quando fomos encomendar os agasalhos, o vendedor mediu nosso tórax com a fita métrica. Nós o achamos muito vulgar.

Tão logo nos vimos de posse de nossos agasalhos, largamos o clube de lado.

A década de 50

Um modelinho habitual da minha melhor amiga Dora, perfeito para frequentar o colégio (Riverdale Country Day School).

Mangas longas, blusa de seda branca com botões de pérola, uma saia bailarina preta e armada, de comprimento longuete, e sapatilhas pretas.

Dora normalmente usava seu cabelo negro, liso e brilhante, em um rabo de cavalo alto.

Reparem no sinal de beleza natural que Dora ostentava no supercílio.

Dora morava no número 22 da rua 65 leste, em frente à loja dos meus avós.

A década de 50

Cores assentavam bem em Gay, minha segunda melhor amiga. Ela gostava de usar lenços de musselina de seda – rosa, turquesa, verde-água, lavanda ou vinho – enrolados em torno do pescoço, e uma suéter ameixa.

A cor do lenço e da suéter fazia sobressair a extraordinária cor de seus olhos, pestanas, e maçãs do rosto. Ela dizia nunca usar maquiagem, mas nunca acreditei nela.

A década de 50

Gay e eu fizemos essas saias godê guarda-chuva, ou círculo completo, de algodão amarelo e preto. A costura levou séculos.

Gay morava no número 30 da rua 70 leste. Gay e Dora eram minhas melhores amigas. Ainda são.

Gay tinha um irmão chamado Peter. Ele era três anos mais velho, mais alto, mais moreno, e era bem reservado.

Os pais de Gay eram armênios. A mãe dela chamava-se Zabelle. Ela preparava iogurte, usava camisolas de cetim branco e lia muitos livros. Tinham um piano de cauda na sala de estar e ela costumava tocá-lo. Visitava as amigas que estavam doentes. E costumava instruir Gay a falar de maneira mais doce e projetando a voz.

O pai de Gay chamava-se Zarah. Era muito bonito e era arquiteto. Também pintava quadros a óleo que lembravam os do pintor Utrillo. Bebia martínis e frequentemente saía com outras mulheres. Quando os visitava pela manhã, eu o encontrava, algumas vezes, deitado no sofá da sala. Eu nunca lhe dirigi a palavra, nem ele a mim.

A década de 50

Blusa de malha de gola rolê preta, saia godê de retalhos cinza (ou saia plissada acordeão quando eu conseguia pegar emprestada a da Dora), e cinto de couro largo do Greenwich Village.

É assim que eu me vestia quando saía para uma badalação "normal" em lugares como Jimmy Ryan's para ouvir Dixieland ou para ir ao cinema.

Nós caprichávamos no visual quando íamos ao Rainbow Room no alto do edifício RCA, ou ao Persian Room no hotel Plaza, ou ao Columbia Room no terraço do hotel Astor.

A década de 50

Minha avó comprou esse vestido na MacWise, uma loja muito exclusiva entre as ruas 65 e 66, na altura da avenida Madison. Os donos da loja de vestidos eram clientes dos meus avós, por isso foi possível um bom desconto antes de eles o colocarem no saldão.

O vestido era muito sofisticado para uma colegial, mas minha avó não percebeu isso. Era sem alças, com tiras de veludo negro, alternando com tiras de tafetá nervurado negro.
Era bem justo.

Eu o vesti para ir a uma festa no lado oeste, com a Dora. Nós normalmente não íamos por aquelas bandas porque morávamos do lado leste, e éramos meio esnobes. Achávamos que os rapazes do lado de lá eram meio assanhadinhos. Quase entrei numa enrascada naquela festa (o que era difícil acontecer, pois era muito tímida). Acho que foi culpa do vestido.

A década de 50

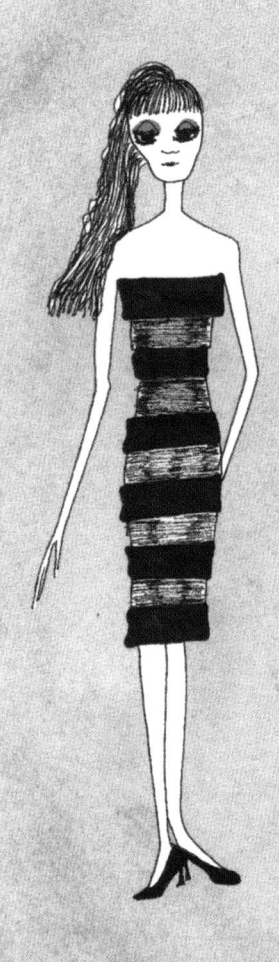

Outro vestido da MacWise. Embora o decote fosse muito baixo, adorava esse vestido listrado de marrom e preto e usava-o frequentemente para ir a festinhas.

A década de 50

Esse modelo de sapato com tira em T vermelho era um favorito para festas. Dora e eu adorávamos calçá-los, mas os pés de Gay eram grandes demais para que eles lhe caíssem bem.

Na maior parte das vezes calçávamos sapatilhas pretas Capezio, que comprávamos no sexto andar da Bonwit Teller, nas tardes de sábado.

A década de 50

Comprei este casaco na loja de departamentos Klein's, na rua 14. Tinha uma modelagem bem *avant-garde,* como se fosse um suéter. A mãe de Dora gostou dele e disse para ela comprar um, também. O meu era vermelho e verde. O de Dora, vinho e azul.

A mãe de Dora, Miriam Landey, trabalhava como estilista para umas senhoras ricas que viviam no lado oeste. Ela costumava ir para a Europa no verão para comprar tecidos finos e luxuosos. Ela desenhava apenas alguns modelos, mas os diversificava em diferentes tecidos.

O *showroom* de suas criações tomava todo o segundo andar do número 22 da rua 65, lado leste. Dora e os pais moravam no terceiro andar. Costureiras, que bordavam delicadas contas, trabalhavam no cômodo dos fundos do segundo andar, cercadas por manequins forrados de papel de seda para reproduzir a figura corpulenta das clientes.

A mãe de Dora sempre contratava lindas modelos para exibir suas roupas. Elas se trocavam atrás de um biombo espelhado com detalhe de cupidos. A mãe de Dora adorava cupidos.

O pai de Dora chamava-se Harry. Ele bebia martínis e ouvia a WQXR, a rádio de música clássica.

A década de 50

Perfume

Tigress

White Shoulders

Belodgia

Comprávamos nossa maquiagem na Liggett's, uma drugstore na esquina da rua 65 com a avenida Madison. Sentávamos em frente ao balcão e pedíamos sanduíches de queijo quente e cherry cokes, enquanto discutíamos quais esmaltes de unhas deveríamos comprar.

A década de 50

Roupas íntimas que usávamos para sair: cinta, cinta-liga e meias de seda com costura. Se estivéssemos menstruadas, usávamos um cinto elástico para absorventes como Modess. Sobre tudo isso, usávamos calcinhas, uma anágua estreita e finalmente uma anágua bem engomada.

A década de 50

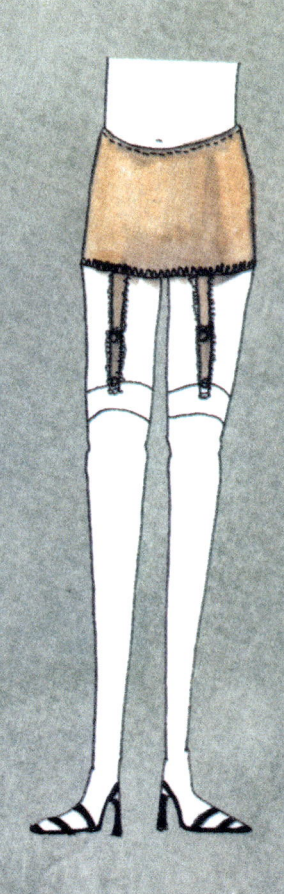

Anáguas engomadas, tipo crinolina, eram usadas por baixo de saias e vestidos para fazer com que eles ficassem armados. Era comum usarmos várias anáguas superpostas.

Se você esquecesse de colocar a anágua estreita, antes da crinolina, ela, por ser áspera, frequentemente puxava o fio das meias finas.

A década de 50

A mãe de Dora me emprestou este vestido longo quando Dora e eu fomos a um fim de semana na Choate School for Boys, um colégio de rapazes, em Connecticut. O vestido era em cetim rosa com um sutil trabalho em contas no corpete. Tinha uma cauda longa.

Carregamos nossos vestidos de festa (cada uma levou dois) em grandes capas de proteção pretas, com fecho-éclair.

Dora tinha marcado com um rapaz chamado Lee para o fim de semana. Nós costumávamos rir dele porque ele achava que era bonitão (nós não), e suas roupas cheiravam a naftalina. Ele era muito, muito rico.

Dora arranjou um rapaz para mim, também. Toda vez que ela ia para algum lugar especial, sua mãe dizia "Leva a Gingy com você". Por isso a Dora se encarregou de encontrar um par para mim.

Pegamos o trem na estação Grand Central com destino a Choate. Estava lotado de garotas que estavam indo para o mesmo fim de semana. Elas eram muito metidas e lançavam olhares maldosos para nós.

Meu par arranjado chamava-se Jim. Não gostei dele. Encontrei um outro cara, também chamado Jim, e gostei dele. Nós nos agarramos bastante.

A década de 50

Meus vestidos de noite eram muito sofisticados para Choate. Algumas das garotas metidinhas nos chamaram de putinhas. Provavelmente por causa das roupas e do agarramento.

O Jim do qual eu gostei me escreveu cartas de amor por vários meses após esse fim de semana. Eu ficava sem graça ao lê-las.

Este é o outro vestido de noite que levei para Choate – tafetá preto. Eu me lembro de tê-lo usado, igualmente, na festa de formatura dos veteranos da escola Horace Mann. Fui com um garoto chamado Larry Janos. Depois da festa de formatura, fomos para a boate Copacabana, na rua 60 na altura da Quinta avenida, junto com o melhor amigo de Larry e a namorada dele.

Dean Martin e Jerry Lewis eram a atração daquela noite. Sentamos na fila do gargarejo, bebemos coquetéis Tom Collins, e fumamos cigarros Pall Mall. Eu roubei um cinzeiro.

Em outra festa de formatura, fui com um vestido estilo bailarina azul-petróleo, que batia na altura do tornozelo, e tinha uma saia rodada de tule armada com inúmeras crinolinas superpostas. Não lembro quem me acompanhou, nem formatura de quem era, só me lembro do vestido.

A década de 50

Amor, perdas e meus vestidos

Babbie tinha um lindo vestido tipo melindrosa verde-menta, bordado em contas, que guardara de quando era jovem. Ela o mantinha em uma gaveta. Eu o usei numa festa à fantasia na casa de Dora, e as contas prateadas caíam o tempo todo.

Em uma outra gaveta, ela escondia uma trança longa e grossa, de cabelo acaju, que minha mãe guardara do tempo em que era nova e cortara o cabelo. Tinha uns 36 centímetros e eu algumas vezes a usava como aplique, num coque chignon.

A década de 50

Para a minha foto de formanda da Hunter College High School, prontinha para ir para o livro do ano de 1953, vesti uma blusa branca de *point d'esprit*, com largas mangas bufantes.

Eu a usava de trás para a frente porque achava que a gola ficava mais atraente deste modo.

A década de 50

Este é o vestido em jérsei de lã coral que comprei para uma festa de Ano-Novo em que fui com George Feifer, em 1954. Eu estava loucamente apaixonada por George.

Avistei a roupa na vitrine de uma loja entre a rua 58 e a avenida Lexington, e admirei seu decote canoa e o corte princesa.

Eu tinha planejado ir "até o fim" com George aquela noite, mas não foi o que aconteceu.

Fomos a uma festa em Passaic, Nova Jérsei. Minha amiga Marion Brody – frequentamos juntas o Simmons College em Boston – foi também. Eu arranjei para ela um amigo de George.

Pensei que, depois que nós levássemos Marion em casa, teríamos uma ótima oportunidade de "fazer aquilo". Mas tivemos problemas no carro e George estava dirigindo. Ele teve que me deixar em casa primeiro.

A década de 50

Amor, perdas e meus vestidos

Conjunto azul – casaco, suéter em cashmere e saia combinando. Eu o usei num jogo de futebol entre Harvard e Dartmouth.

George e eu tínhamos terminado e eu estava indo ao jogo com um acompanhante improvisado. Peguei emprestada essa roupa com uma colega de dormitório.

Escolhi a roupa com muito cuidado porque pensei que usar azul me faria aparecer mais (a maior parte das garotas usava cores quentes, especialmente vermelho) e George não teria como não me ver.

A década de 50

Vestido de dama de honra azul que usei no casamento de Gay com Steve Chinlund. Steve era bonitão. Parecia uma mistura do prefeito John Lindsay com Charlton Heston.

Dora também foi dama de honra.

Nós nos sentimos ousadas porque não estávamos usando sutiãs por debaixo dos vestidos (o decote quadrado era muito baixo) e ninguém jamais saía sem sutiã naquela época.

O casamento foi incrível, mas incríveis, de verdade, eram Gay e Steve.

A década de 50

V estido corte princesa em cetim rosa, comprado na ponta de estoque da loja Filene's Basement, em Boston, para meu casamento com Harry M. Johnson em 1955. Eu tinha vinte anos e Harry tinha trinta e sete.

Harry era meu professor de sociologia na Simmons e tinha um Ph.D. em Harvard. Ele também ensinava na Massachusetts School of Art. A soma total da sua renda era de cinco mil dólares por ano.

A mãe de Harry chamava-se Helen. Harry tinha 1,94 m e sua mãe era quase tão alta quanto ele. Ela ficara viúva ainda jovem e trabalhava como segurança em Harvard, e, quando envelheceu, como vigia no banheiro feminino da universidade. Eu gostava muito dela.

Harry e eu nos casamos na casa do melhor amigo dele, em Dobbs Ferry. O nome deste amigo era Bernard Barber. Ele era professor de sociologia na Barnard e tinha se casado com uma moça muito rica. Robert Merton, o conhecido sociólogo de Columbia, foi padrinho. Não houve bufê, só champanhe e o bolo de casamento.

Minha avó e Babbie vieram para o casamento. Meu avô não veio porque achava que Harry era velho demais para mim e, ainda por cima, católico.

A década de 50

Amor, perdas e meus vestidos

Usei este vestido amarelo após a cerimônia de casamento quando voltamos para Cambridge. Eu comprara esse vestido na MacWise. Posteriormente eu o tingiria de vermelho. Pegamos a Rota 1 para Boston no Dodge azul-claro de Harry. Nosso jantar de casamento foi numa parada de caminhões.

Nosso primeiro apartamento foi no número 888 da avenida Massachusetts em Cambridge. Mais tarde nós nos mudaríamos para o número 27 da Lanark Road em Brookline.

A década de 50

Vestido preto com decote recortado e bolero combinando.

Harry gostava que eu usasse sempre meu cabelo puxado para trás.

Eu podia calçar saltos muito altos com Harry por causa da altura dele.

Eu nunca chamei Harry pelo nome. Eu sempre o chamei de "Cara".

A década de 50

Vestido de festa em brocado iridescente, estilo chinês, comprado em Cambridge para uma festa de Ano-Novo à qual Harry e eu fomos em 1957.

Harry me acompanhou na compra do vestido. E me convenceu a escolher este, apesar de ser caro. Disse que exibia meus braços, que achava bonitos. Eu amei a roupa.

A festa era em Wayland, Massachusetts, na casa de Penny e Ecky, amigos de Harry. Fiquei muito chateada de não encontrar Harry à meia-noite. Aí eu o vi beijando Penny.

A década de 50

Amor, perdas e meus vestidos

Depois do meu divórcio, voltei para Nova York para morar com Dora, que estava estudando para ser atriz.

Este vestido ocre em lã era da Dora, mas eu gostava bastante dele. Eu o vestia com frequência. Lembro-me de usá-lo especialmente para sair com Al Beckerman.

A década de 50

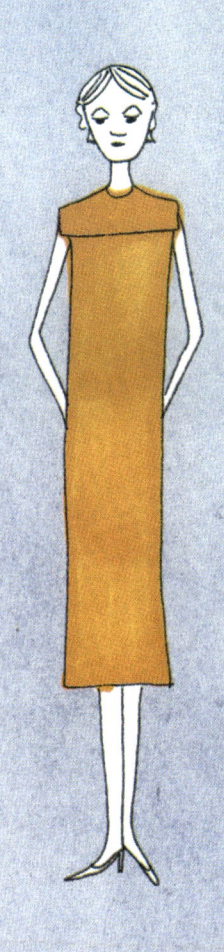

Vestido em piquê com estampa floral que comprei em uma loja pequena e pretensiosa em New Canaan, Connecticut, para meu casamento com Al.

A cerimônia aconteceu nos aposentos do rabino, em Rego Park, Queens.

A recepção foi na casa dos pais de Al, em Forest Hills.

Eu costumava chamar Al de "Becky".

Minha avó e Babbie vieram ao meu casamento. Meu avô não pôde vir. Continuava furioso comigo por eu ter me casado com Harry.

A década de 50

Amor, perdas e meus vestidos

O pai de Al, Jack Beckerman, me deu esse vestido duas-peças da Anne Fogarty, em organza cinza. Tinha uma linda saia plissada acordeão. Anne Fogarty era uma designer popular, embora cara, mas como Jack era modelista para a indústria de vestuário, ele o obteve a preço de atacado.

Eu acidentalmente o furei com cigarro.

Acho que uma das minhas filhas é a dona deste vestido, hoje em dia.

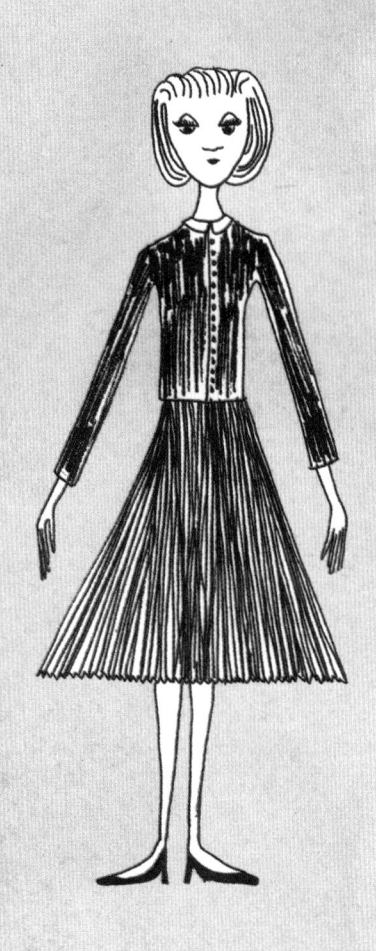

A década de 50

A década de 60

Vestido de gestante em estampa preta e vermelha, em tafetá, indicado para ocasiões festivas.

Eu o usei pela primeira vez no Natal de 1960, em Stamford, Connecticut, quando estava grávida de Isabelle, e depois em 1962, quando estava grávida de David. (Ele morreu quando tinha dezoito meses, de um vírus intestinal que o levou em quarenta e oito horas.)

Foi usado, igualmente, quando me mudei para Livingston, Nova Jérsei, e estava grávida de Lillie, em 1963, de Michael, em 1964, de Joe em 1965, e, pela última vez, quando estava grávida de Julie em 1967.

A década de 60

Estava sob a influência de Audrey Hepburn e Jackie Kennedy quando comprei este vestido marfim modelo império na Loehmann's, em Florham Park, Nova Jérsei. Não comprava um vestido havia algum tempo. Só saía para ir comprar provisões ou para visitar o pediatra. Não devia ter comprado o vestido porque, então, meu corpo não parecia em nada, nem com o de Audrey Hepburn, nem com o de Jackie.

Eu usei o vestido na festa de Natal de Al, na agência de publicidade onde ele trabalhava. Corri para deixar tudo certo para as crianças, para pegar a baby-sitter, para pegar o ônibus de Lakeland para Nova York – e, como resultado disso tudo, não comi nada. Eu estava tão faminta quando cheguei lá, que belisquei *hors d'oeuvres* demais e bebi espumante demais, rápido demais. Vomitei no banheiro feminino. Embora nada tenha respingado no meu vestido marfim, nunca mais o usei.

A década de 60

Devia ficar assim ↓

Ficou assim ↓

As décadas de 70, 80 e 90

Cópia de um minivestido Pucci que comprei, num impulso, na Bloomingdale's. Nunca me senti à vontade ao usá-lo. Eu o achava colorido demais e curto demais, e tinha receio de esbarrar em alguém, usando o mesmo modelo, que ficasse muito melhor com ele do que eu. Meu terapeuta me garantiu que não deveria me sentir culpada se não quisesse vesti-lo, afinal.

As décadas de 70, 80 e 90

Amor, perdas e meus vestidos

Eu usava as gravatas de Al, ocasionalmente, porque tinha visto filmes em que Marlene Dietrich, Greta Garbo e Katherine Hepburn usavam gravatas, mas quando *Annie Hall*, de Woody Allen, estreou e todas as mulheres dispararam a usar gravatas masculinas, parei de usá-las.

Minha avó deixou que eu furasse minhas orelhas quando eu tinha treze anos. Ela me acompanhou ao médico. Julie, minha filha mais nova, chegou um dia em casa, vinda do shopping, com três furos em cada orelha, quando tinha apenas doze anos. Eu disse a ela que era selvagem ter tantos furos assim, mas no ano seguinte fui ao shopping e fiz um segundo furo na minha orelha esquerda.

As décadas de 70, 80 e 90

Eu encomendei este terninho de lã bege do catálogo
da Spiegel. Foi minha primeira compra pelo correio. Pensei
que ele daria um belo modelo para entrevistas de emprego
porque, agora que as crianças estavam todas na escola,
eu queria um emprego de meio expediente.

Quando me ofereceram um emprego de assistente
de relações públicas, aceitei. De acordo com as revistas
femininas, ter um emprego me qualificava como uma
das mulheres sortudas por terem tudo – marido, filhos
e carreira. Mas a verdade é que as coisas nunca mais foram
as mesmas entre mim e Al, desde que o bebê morreu.

As décadas de 70, 80 e 90

Eu adorava esse vestido-envelope estampado, em jérsei, de Diane Von Furstenberg. Era fácil de vestir e muito confortável. Eu o usei no dia em que fui cortar e fazer um permanente em meus cabelos, no salão de Vidal Sassoon, em Nova York.

Ao voltar para casa, dirigindo, percebi que teria que contar a Al que não poderia mais continuar casada com ele.

As décadas de 70, 80 e 90

Comprei este casaco três-quartos de pelo longo, de guaxinim, no departamento de peles da Bonwit Teller, no shopping Short Hills. Abri um crediário em meu próprio nome assim que consegui um emprego e levei um ano pagando o casaco. Fiquei feliz em comprá-lo, no entanto, porque, após a separação de Al, o dinheiro ficou escasso.

As décadas de 70, 80 e 90

Amor, perdas e meus vestidos

Preparando-me para vender a casa, subi ao sótão e desci ao porão e montei três pilhas de roupas — as que mereciam ser jogadas fora, aquelas que seriam doadas e aquelas cujo destino eu ignorava, mas não achava que deviam ser jogadas fora nem doadas.

As décadas de 70, 80 e 90

Amor, perdas e meus vestidos

No meu aniversário de cinquenta anos, removi cirurgicamente as bolsas debaixo dos olhos e comprei para mim estas botas de camurça preta, na rua 8 no Village. Lembrei-me de que a mãe de Al tinha cinquenta anos quando a conheci. Ela nunca possuiu um par de botas de saltos altos nos sessenta e cinco anos de sua existência. Quando penso nela, eu sempre a vejo com um pano de prato sobre o ombro.

As décadas de 70, 80 e 90

Amor, perdas e meus vestidos

Para o casamento de Isabelle, usei um vestido trapézio curto de seda branca com bordado branco na gola e nos punhos, que comprei na *outlet* da Neiman Marcus. Quando Lillie casou-se, um ano mais tarde, sentia-me mais confiante. Usei um vestido sem alças de tafetá nervurado preto que me fazia recordar o vestido de Rita Hayworth no filme *Gilda*. Sobre ele joguei uma camisa branca, longa, de seda, de Donna Karan.

As décadas de 70, 80 e 90

Quando minha primeira neta, Allie, nasceu, encontrei algumas das peças de bebê de minhas filhas em uma das caixas que havia guardado, e as ofereci à recém-nascida.

Agora que Allie está com quatro anos, ela adora brincar de se vestir quando vem me visitar. Eu pinto suas unhas das mãos e dos pés com esmalte vermelho-vivo e deixo que mexa na gaveta onde guardo cores terríveis de batons, rouge, e sombras que vendedoras insistentes me obrigam a comprar.

Mas o que Allie ama de verdade são as caixas de roupas velhas, sapatos altos e chapéus. Observo seu rostinho quando ela se olha no espelho e se acha linda com os meus vestidos antigos. Fico pensando se ela lembrará deles quando crescer.

As décadas de 70, 80 e 90

Recentemente, falei com Dora. Nós costumamos ligar uma para a outra, cerca de duas vezes ao ano. Perguntei-lhe se ela alguma vez pensava sobre as roupas que usávamos enquanto crescíamos, juntas.

"Nunca", ela respondeu. "Foram tempos muito sofridos, aqueles."

Fiquei matutando o que ela disse. Sempre pensei na vida dela como num conto de fadas – mãe, pai, lindas roupas, e até um sinal de beleza.

As décadas de 70, 80 e 90

Epílogo

Algumas vezes, quando tenho dificuldade em dormir à noite, repasso minha juventude.

Em certas noites, lembro-me de minha mãe. Não tenho tantas recordações assim dela. Tenho muito mais lembranças da mãe de Dora. Nossas mães eram muito diferentes — a mãe de Dora usava joias verdadeiras, viajava para a Europa no navio *Île de France*, e ia ao teatro. Minha mãe não fazia nada disso.

Mas elas tinham coisas em comum. As duas faziam roupas (a de Dora, para senhoras chiques, minha mãe para minha irmã e eu), e ambas morreram quando eram jovens — minha mãe aos quarenta e quatro anos e a mãe de Dora aos cinquenta e dois.

Gosto de pensar que herdei meu gosto pela moda da minha mãe e sofri a influência da mãe de Dora.

Nos últimos anos tenho usado normalmente preto. Não porque tenha me tornado triste, mas porque vestir preto é sempre elegante — e torna as escolhas de compras muito mais fáceis. E, também, porque Audrey Hepburn usava muito preto e também Jackie o fez.

Epílogo

Recentemente, no entanto, Allie me contou que sua cor favorita é o rosa, então fiquei cogitando se não deveria tentar usar um lenço rosa, de vez em quando.

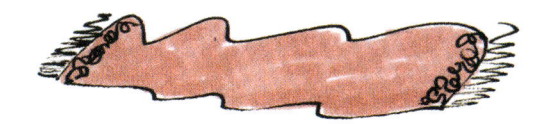

Impressão e Acabamento:
GRÁFICA STAMPPA LTDA.
Rua João Santana, 44 - Ramos - RJ